1 feuillet p. [illegible]

Lettres patentes du Roi pour leur reglement

L [illegible] 1626 p. 24

RECVEIL
DES STATVTS ET REGLEMENS DES MARCHANDS
LIBRAIRES, IMPRIMEVRS,
& Relieurs de la ville de Paris.

Diuisez par Tiltres, conferez & confirmez par les Ordonnances Royaux, Arrests des Cours souueraines, Sentences & Jugemens sans appel.

Par M. L. BOVCHEL Aduocat en Parlement.

Η ΣΟΦΙΑΣ ΠΗΓΗ ΕΝ ΒΙΒΛΙΟΙΣΙ ΡΕΕΙ.

Es Liures coule sans cesse
La fontaine de sagesse.

A PARIS,

De l'Imprimerie de FRANÇ. IVLLIOT, ruë du Paon, au Soleil d'or, prés la porte sainct Victor.

M DC. XX.

INDICE DES TILTRES CONTENVS EN ce Recueil.

RECVEIL

RECVEIL DES STATVTS ET REGLEMENS DES MARCHANDS LIBRAIRES, IMPRIMEVRS, & Relieurs de la ville de Paris.

Des Marchands Libraires, Imprimeurs, & Relieurs en general.

TILTRE I.

ART. I.

LES Libraires, Imprimeurs & Relieurs seront tousiours censez & reputez du corps & des supposts de l'Vniuersité de Paris, du tout distinguez & separez des arts mechaniques, maintenus & gardez en la ioüyssance de tous les droicts, franchises & prerogatiues à eux attribuez par les Roys de France.

Statuts, art. 1.

Auparauant que l'Art d'Imprimerie eust esté inuenté, il y auoit grand nombre d'Escriuains qui estoient censez estre du corps de l'Vniuersité : & depuis que ledit Art d'Imprimerie a esté mis en lumiere, les Imprimeurs ont succedé au lieu desdits Escriuains, & ont esté tousjours autant ou plus gratifiez que lesdits Escriuains ; & n'a iamais esté l'Art d'Imprimerie mis au nombre des mestiers mechaniques, ains tenu en tel honneur & reputation, que plusieurs personnages de grande litterature & erudition ont bien eux-mesmes voulu prendre qualité d'Imprimeurs, tant en ce Royaume que dehors, comme entre autres de nostre siecle Iodocus & Ascensius Badius, Estienne Dolet, ce grand Turnebus, Robert & Henry les Estiennes, Vvechel, Morel, & infinis autres grands hommes de nostre France. Toutesfois depuis quelques annees l'Edict de la creation des mestiers estant publié, ceux qui auoient charge de l'execution dudit Edict voulurent comprendre les Imprimeurs entre les artisans mechaniques, & iceux mis à la suitte des harangeres & poissonnieres, chose qui estoit du tout contre l'honneur de tout temps attribué à l'Art d'Imprimerie : de quoy les Imprimeurs & Fondeurs de characteres firent tres-humbles Remõstrances au Roy & à Nosseigneurs de son Conseil: Tellement que par Arrest dudit Conseil tenu à Paris le dernier iour d'Auril 1583. il fut ordonné que lesdits Imprimeurs & Fondeurs seroient exceptez dudit Edict de la creation des mestiers, pourueu qu'ils ne facent autre profession, ny aucun autre art mechanique. Dont lettres patentes leur furent expediees du mesme iour & an, qui furent verifiees au Parlement le 15. iour de Iuin 1580. & registrees au Greffe du Chastelet de Paris le 10. iour de Septembre ensuiuant.

ART. II.

Nul Libraire, Imprimeur ou Relieur ne pourra exercer l'Estat d'Imprimerie, qu'il n'ait deux Presses garnies, à luy seul appartenant, & qu'elles ne soient fournies de bonnes fontes; sans que plusieurs se puissent associer en vne seule Imprimerie. Et ceux qui se trouueront n'auoir qu'vne Presse seront tenus s'en fournir d'vne autre, auec les fontes necessaires d'icelle, ou aller trauailler chez les Maistres à leurs gages.

Statuts, art. 7.

Lettres patentes du Roy Henry III. du douziesme Octobre 1586 publiees & registrees au Chastelet le vingt-neufiesme Octob. ensuiuant, lesquelles adioustent, Que nul cy apres ne pourra dresser aucune Imprimerie, ny faire profession & estat d'icelle, qu'au preallable il n'ait faict enregistrer au Greffe de la Preuosté de Paris le nombre des Presses qu'il entend dresser, l'enseigne qu'il entend prendre au deuant de ses liures; & que pareillement il n'ait baillé & laissé audit Greffe son essay & espreuue de toutes les sortes & especes de characteres desquels il s'entendra ayder en son art d'Impression, contremarquez au dos de sa marque particuliere, auec son nom.

ART. III.

Tous Libraires & Imprimeurs, chacun separément, ou associez, imprimeront les liures en beaux characteres, & bon papier, & bien corrects, auec le nom du Libraire & sa marque; comme aussi insereront le Priuilege & permission qui leur sera octroyee, à la fin ou au commencement de chacun exemplaire, si aucun ils en ont obtenu : le tout à peine de confiscation desdits liures, & autres peines s'il y eschet.

Statuts, art. 12.

Edict du Roy Charles IX. de l'an 1571. article 10. Par Lettres patentes du Roy Henry III. du douziesme Octobre 1586. sur le reglement de l'Imprimerie, il est defendu à tous Imprimeurs & Libraires de faire mettre aucuns liures sur la presse, ny imprimer, ny faire imprimer iceux que premier ils n'ayent eu le priuilege accordé du Roy, signé & seellé en bonne & deuë forme, duquel lesdits Imprimeurs seront tenus retenir pardeuers eux copie deuëment collationnee. Pareilles defenses à tous Libraires, Colporteurs & autres d'exposer en vente en leurs boutiques ny ailleurs liures qui n'ayent esté imprimez auec permission & priuilege : sans toutesfois en iceluy comprendre les liures approuuez, lesquels par plusieurs fois auroient esté imprimez auec priuilege & permission du Roy. Arrest du 15. Septembre 1616. Et le 15. iour de Mars 1619. le Lieutenant Ciuil fit publier à son de trompe & cry public par les carrefours ordinaires de Paris des defenses à tous Libraires & Imprimeurs d'imprimer aucuns liures, escrits, lettres, ne autres choses generalement quelconques, ny exposer ne debiter iceux escrits sans sa permission, qui sera inseree au commencement des escrits, sur peine d'estre les contreuenans à ladite Ordonnance battus & fustigez nuds de verges. Et enjoint ausdits Libraires, Colporteurs ordinaires de ceste ville de Paris de se saisir de ceux qui se trouueront vendans lesdits escrits, à peine d'en respondre en leurs noms, & de pareille peine cy dessus, comme coulpables & complices.

Art. IV.

Defenses sont faictes à tous Libraires, Imprimeurs & Relieurs, de faire imprimer liures en quelque forme que ce soit hors ce Royaume, pays & terres de l'obeyssance du Roy, à peine de confiscation de tous les exemplaires qui se trouueront, & de trois mil liures d'amende pour la premiere fois.

Statuts, art. 32.

Par les Lettres patentes du Roy Henry troisiesme du douziesme Octobre 1586. est defendu à tous Libraires & Imprimeurs de la ville, Preuosté & Vicomté de Paris, de dresser aucune Presse pour imprimer ailleurs qu'en ladite ville de Paris, sans qu'ils en puissent tenir aucunes és fauxbourgs d'icelle, à peine de confiscation desdites Presses contre les contreuenans, amende arbitraire, & punition corporelle s'il y eschet. Arrest contre Fleury Bourriquant du 3. Iuillet 1604. par lequel defenses sont faictes à toutes personnes de leuer Imprimerie en ceste ville, Preuosté & Vicomté de Paris, ailleurs qu'en l'Vniuersité, au dessus de S. Yues, és lieux publics & ouuerts, & non és Monasteres & Colleges fermez. Arrest du 27. Nouembre 1618. par lequel defenses sont faictes à tous Libraires & Imprimeurs d'imprimer & debiter à Charanton sans permission, à peine de punition exemplaire. Arrest du 3. Aoust 1579. contre Philippes Tinghy de Lyon, par lequel defenses sont faictes à tous Libraires de faire imprimer hors le Royaume, sur peine de quatre mil escus d'amende.

ART. V.

Les Imprimeurs ne pourront imprimer aucuns liures sinon en leurs noms, & en leurs Officines & Ouuroirs, sans ce qu'ils supposent le nom d'autruy: sur peine de confiscation de corps & de biens, & d'estre declarez faussaires. Voulons que nos subiets apportent tels liures en Iustice, soubs peine d'estre punis comme les Iuges verront estre à faire, selon la faute.

Henry II. en l'Edict de Chasteaubriant, 1551. art. 9.

Art. VI.

Les Autheurs des Liures ou Correcteurs ne pourront auoir d'Imprimerie ou Presses en leurs maisons ny ailleurs, pour imprimer ou faire imprimer leurs Liures, ny les vendre, ny faire afficher soubs leurs noms ou autres; ains leur sera permis les faire imprimer pour estre vendus par des Libraires, Imprimeurs, & Relieurs, & non par d'autres, à peine de confiscation & d'amende aux contreuenans.

Statuts, art. 14.

L'Arrest de verification, du 9. Iuillet mil six cens dixhuict, porte que toutes les Presses qui sont és maisons particulieres des subiets du Roy, & autres maisons d'estrangers, sans aucune difference & exception, seront abbatuës & ostees dans quinzaine; autrement, & à faute de ce faire dans ledit temps, & iceluy passé, si aucune se trouue ésdites maisons, seront à la diligence du Substitut du Procureur general du Roy, saisies & venduës au plus offrant & dernier encherisseur, & les deniers employez à la nourriture des pauures enfermez. Et a la Cour faict expresses inhibitions & defenses à tous Maistres Imprimeurs & Cõpagnons, de trauailler directement ou indirectement ausdites Presses de particuliers ou estrangers, à peine de deschеance de tous priuileges, & de punition corporelle. Sentence contre le P. François Loriot Iesuite, du 6. Octobre 1614. par laquelle defences sont faictes audit P. Loriot, & aux Preûres & Escolliers du College de Clermont, de tenir aucunes Presses, characteres & vstancilles de Librairie, Imprimerie & Relieure, ny d'entreprendre à l'aduenir sur l'art & fonction desdits Imprimeurs, Libraires & Relieurs de liures, à peine de confiscation, & de trois mil liures d'amende.

Art. VII.

Est defendu à tous Libraires, Imprimeurs, & Relieurs, tenir & auoir plus d'vne boutique & Imprimerie, laquelle ils tiendront en l'Vniuersité, au dessus de sainct Yues, ou au dedans du Palais, & non ailleurs: sinon ceux qui voudront se restraindre à ne vendre que des Vsages.

Statuts, art. 30.

Arrest contre Dauid Douceur du huictiesme iour d'Aoust mil six cens. Sentence du Preuost de Paris, contre Iean de Heuqueuille, du 30. May 1601. en execution d'autre Sentence du 3. Auril precedent, par laquelle il luy estoit enjoint d'aller demeurer en l'Vniuersité, & iusques à ce defenses d'exposer en vẽte aucuns liures. Autre Arrest contre Fleury Bourriquant du 3. Iuillet 1604. Sentence du Chastelet du 17. Decembre 1610. contre Nicolas Callemont. Ordonnance du Lieutenant Ciuil le 19. May 1616. que commandement sera faict à tous Libraires & Imprimeurs de se retirer & vendre leurs liures, & tenir Imprimeries, au destroit de l'Vniuersité, dans 24. heures, & ce temps expiré, permis aux Syndic & Gardes faire saisir leurs marchandises, pour estre confisquees & employees aux affaires de la Communauté: & ce nonobstant oppositions ou appellations quelconques. Par autre Sentence du 17. Iuin 1617. par laquelle en consequence des Arrests, Sentences & Reglemens, Claude Percheron Imprimeur, & tous autres Libraires, Imprimeurs, Relieurs, & Estalleurs sont condamnez vuider des lieux par eux occupez, & se retirer dedans le destroit de l'Vniuersité, au dessus de l'Eglise de sainct Yues: sinon & à faute de ce faire, seront leurs marchandises & Imprimeries confisquees, & leurs biens mis sur les carreaux. Autre Sentence cõfirmatiue du 5. Iuillet 1617. contre Claude Hulpeau, Paul Mẽsan & Anth. Champenois. Autre Sentence du 15. Iuillet ensuiuãt, contre Ioseph Guerreau Mᵉ Imprimeur. Autre pareille du 4. Aoust 1617. Arrest du Conseil Priué du Roy le 30. Ianuier 1619. par lequel il est ordõné que Nicolas l'Escuyer & Pierre Douceur marchands Libraires priuilegiez suiuãs la Cour pourrõt tenir boutique en l'Vniuersité de Paris au dessus de S. Yues, tant pendant le sejour du Roy, qu'en son absence: & encores estaller sur vne table leurs liures, sans estre couuerts que de toille, depuis la place de l'Eschole en tirant à la Croix du Tiroir, & au dessus, pendant le sejour de sadite Majesté en ceste ville, & à dix lieuës prés d'icelle seulement: leur fait inhibitions & defenses, outre leursdites boutiques de l'Vniuersité de l'Vniuersité d'estaller ailleurs à l'aduenir qu'esdits lieux designez, à peine de confiscation des liures qu'ils exposeront en vente, & d'amende arbitraire. Enjoinct sa Majesté audict l'Escuyer & Douceur vuider les boutiques & estallages qu'ils peuuent auoir à present tant en l'Isle du Palais, que sur le Pont-neuf, & ailleurs hors lesdits lieux designez, dans le iour & feste de Pasques. Sentence du Preuost de Paris le 18. Auril 1608. par laquelle Barbotte, du Courroy, & Belle Imprimeurs, sont condamnez se retirer & porter leurs Presses en l'Vniuersité, nonobstant oppositions ou appellations quelconques. Barbotte en appella, disant qu'il estoit Questionnaire de la Cour, & que pour l'exercice de sa charge, il estoit contrainct de s'approcher du Palais. Neantmoins la cause estant appellee à son tour de roolle, de laquelle moy Bouchel estois chargé pour la Communauté des Libraires & Imprimeurs, il n'osa conclure en son appel, & laissa donner congé par Arrest du 9. Decembre 1608.

Art. VIII.

Tous Libraires, Imprimeurs ou Relieurs faisans imprimer liures auec priuileges, sont tenus bailler & mettre en la Bibliotheque du Roy deux exemplaires desdits liures en blanc, desquels ils tireront acquit : & outre ce, ils sont tenus mettre és mains du Syndic & Adioints aussi vn exemplaire de chacun liure qu'ils imprimeront, huict iours apres les impressions desdits liures, pour estre employé aux affaires de la Communauté.

Statuts art. 15.

Par Edict du mois d'Aoust 1617. verifié en Parlement le 7. Septembre ensuiuant, il est ordonné qu'à l'aduenir ne sera octroyé à quelque personne que ce soit aucun priuilege pour faire imprimer ou exposer en vente aucun liure, sinon à la charge d'en mettre gratuitemēt deux exemplaires en la Bibliotheque du Roy : & ne commencera la iouyssance du priuilege que du iour que lesdits deux exemplaires auront esté par eux fournis en ladicte Bibliotheque, dont ils prendront attestation ou certificat du Garde d'icelle. Item par Sentence du Chastelet du 14. Iuin 1617. François Pommeray maistre Imprimeur à Paris fut condamné deliurer à ladicte Communauté vn exemplaire en blanc de tous les liures par luy imprimez, ou faict imprimer, depuis le 1. Auril 1614. à ce faire contraint tant par la saisie & vente de ses biens, qu'autres voyes deuës & raisonnables, nonobstant oppositions ou appellations quelconques. Autre Sentence du 23. Nouembre 1619. contre Pierre Louys Feurier, & Marie Hedin veufue de feu Iulian Berthault, par laquelle ils sont condamnez mettre és mains du Syndic & Gardes vn exemplaire entier & parfaict de tous les liures qu'ils ont imprimez ou faict imprimer, tant en general que particulier, & à ce faire contraints solidairement, sauf leur recours les vns contre les autres, & enuers leurs associez; & ce huict iours apres qu'ils seront paracheuez d'imprimer, & à toutes les fois qu'ils seront reimprimez: à faute de ce faire payeront doublement: & sera ladite Sentence commune auec tous les Libraires, Imprimeurs & Relieurs de ceste ville de Paris. Et sera executee nonobstant oppositions ou appellations quelconques faictes ou à faire.

Art. IX.

Defenses sont faictes, suiuant les Edicts & Arrests, à toutes personnes qui ne sont Libraires, Imprimeurs, ou Relieurs, & qui n'en ont esté apprentifs en la ville de Paris, de tenir boutiques ou magazin de liures, & d'achepter pour reuendre en gros ou en detail, aucuns liures reliez, blancs, Heures, Breuiaires, Alphabets, Romans neufs, vieux, frippez, ou vieux papiers, que l'on dit à la rame, ny vieux parchemins, sur peine de confiscation & d'amende.

Statuts, art. 29.

L'an 1577. les Recteur, Docteurs, Regens, & les 24. Iurez & Supposts de l'Vniuersité de Paris, par requeste presentee à la Cour, firent plainte que plusieurs tant Frippiers, Cousturiers, Sauatiers, que Reuendeurs, & plusieurs autres personnes s'ingeroient, & de faict achetoient & vendoient ordinairement des liures tant neufs que frippez, subornans & recelans plusieurs enfans, Escholiers, & seruiteurs des Libraires, mesmes vendoient des parchemins & papiers, dont en estoit aduenu plusieurs inconueniens, & alloient par les maisons susciter les seruiteurs & seruantes, tant pour liures, papiers, registres & parchemins, qu'autres choses qui pouuoient porter consequence plus que beaucoup ne pourroient penser, & cependant on estime que ce soient Libraires qui en auoient ja receu deshonneur. La Cour veuës les conclusions du Procureur general du Roy, & de son consentement, par Arrest du 27. Iuin audit an 1577. fit inhibitions & defenses à toutes personnes de quelque estat, qualité, & condition qu'elles soient, qui ne sont Libraires ou Relieurs, & qui n'en ont esté apprentifs, tenir boutique ny magazin, vendre, n'acheter en gros ny en detail aucuns liures, grands ou petits, de quelque sorte qu'ils soient, Heures ny Breuiaires, reliez, blancs, neufs, ou frippez, ny vieux papiers, que l'on dict à la rame, & vieux parchemins. Defendit aussi à tous Libraires, Imprimeurs, Relieurs, & à toutes autres personnes de quelque estat, qualité, & condition qu'elles soient, de n'acheter, ne faire acheter aucuns liures, blancs, ny reliez, neufs ou frippez, ny papiers blancs ou imprimez d'aucunes personnes, que premierement ils n'ayent asseurance, ou adueu de ceux qui les font vendre, vers lesquels auant que les acheter, ils seront tenus aller ou enuoyer leur notifier, & s'informer d'eux, ou des hostes de ceux qui les apporteront à vendre; & ainsi les ayant achetez, en tiendront registre, ou ils seront tenus inscrire le iour de l'achapt, & les noms tant des liures, que des vendeurs, auec leur demeure. Sont aussi faictes defenses à toutes personnes de suborner les enfans ou seruiteurs d'aucuns Libraires, Imprimeurs, Relieurs, ou autres, vendre ny acheter aucuns liures, ny autres choses d'eux, ny d'Escholiers, sans adueu de leurs peres, Maistres, Regens, ou Pedagogues, à peine de pareille punition que les recelleurs de larrons, & confiscation desdits liures, & autres choses dessusdictes, & d'amende arbitraire contre les contreuenans. Et ordonné que le present Arrest seroit leu & publié par les carrefours de ceste ville de Paris, & fauxbourgs d'icelle, és lieux accoustumez, à ce qu'aucun n'en pretende cause d'ignorance. Ce qui fut faict le 3. iour d'Aoust ensuiuant. Sentence du Lieutenant Ciuil, contre Pierre la Salle, & la veufue Mille Bardeau, par laquelle il fut dict que les papiers à la rame, & vieils parchemins seroient vendus, & les deniers à eux baillez, & defenses à l'aduenir à eux & à tous autres à peine d'amende, & confiscation, & lesdicts de la Salle & la veufue Bardeau condamnez és despens. L'an 1612. le 23. iour d'Aoust fut donné Arrest contradictoire, & sur production des parties, entre les Syndic & Gardes de la Communauté des Marchands Libraires & Imprimeurs de la ville & Vniuersité de Paris, demandeurs en execution d'Arrest, suiuant la Requeste par eux presentee à la Cour le 4. Feurier precedét d'vne part: Et les Maistres & Gardes de la marchandise de Mercerie & Papetiers de Paris defendeurs d'autre: par lequel la Cour a faict inhibitions & defenses aux defendeurs de vendre ny acheter aucuns liures grands ou petits, en gros, ou en detail, Heures, Prieres, ou Breuiaires, reliez, ou blancs, ou frippez, à peine de confiscation d'iceux, & d'amende arbitraire. Pourront neantmoins vendre des A. B. C. D. & Almanachs seulement, comme il leur a esté cy-deuant permis, & sont condamnez és despens. Acquiesçant auquel Arrest, lesdits Merciers demanderent & obtindrent de la Cour plusieurs delais pour se deffaire des liures qu'ils auoient en leur possession: Et depuis lesdicts Merciers ayant obtenu lettres en forme de requeste Ciuile contre ledict Arrest du 23. iour d'Aoust 1612. & autres lettres de declaration du Roy, qu'ils auoient par surprise faict verifier en la Cour, à l'execution desquelles les Libraires se seroient opposez, seroit interuenu Arrest le 17. Decembre 1616. par lequel sur la requeste ciuile les parties sont mises hors de Cour & de procez. Et neantmoins faisant droict sur l'instance d'opposition, ordonne la Cour que lesdits Maistres & Gardes de la marchandise de Mercerie, Grosserie, & Ioyallerie pourront continuer la vente tant en gros qu'en detail des Almanachs & Alphabeths, comme ils ont faict cy-deuant, & encores vendre toutes sortes d'Heures & Prieres imprimees hors de ceste ville de Paris: sans toutesfois pouuoir par lesdicts Maistres & Gardes vendre Breuiaires, Diurnaux, & Psautiers: ce qui sera pareillement gardé en la ville de Rheims, sans despens. En l'an 1618. le Syndic des Libraires fit saisir plusieurs liures d'Heures sur Iean Perdoux & Pierre Perrichon, marchands Merciers de ceste ville de Paris, & par requeste presentee à la Cour, en demanda la confiscation, par Arrest du 3. Feurier audit an, la Cour declara ladicte saisie des liures d'Heures & Prieres, imprimees en ceste ville de Paris bonne & vallable: ordonna, & de grace pour ceste fois que lesdits liures d'Heures & Prieres saisis seroient rendus ausdits defendeurs, à la charge de les vendre dans trois mois pour tous delais; leur a faict inhibitions & defenses de contreuenir aux Arrests des 23. Aoust 1612. & 17. Decemb. 1616. ne vendre à l'aduenir Heures & Prieres imprimees en la ville de Paris, à peine de confiscation, que des à present ladicte Cour ordonne estre executé, & en cas de contrauention, sans esperance d'aucune grace & delay à l'aduenir pour ce regard, & d'amende arbitraire, & condamne lesdits defendeurs és despens. Arrest entre Eustache Foucault marchand Libraire, & Pierre Perrichon marchand Mercier, du 22. Decemb. 1614.

ART. X.

Est pareillement defendu à tous Libraires, Imprimeurs, & Relieurs, de faire estalage ny tenir boutique portatiue en quelque endroict que ce soit, pour vendre liures, ny mesmes estaler les festes, à peine de confiscation de ce qui se trouuera, & d'amende arbitraire.

Statuts, art. 31.

Arrest du Conseil Priué du Roy, contre Nicolas l'Escuyer & Pierre Douceur Marchands Libraires priuilegiez suiuant la Cour, du 30. Ianuier 1619. touchant les boutiques portatiues. Et pour le regard des defenses d'estaler les festes, y a Sentence du Preuost de Paris le 8. Nouembre 1616. Autre Sentence du 3. Decembre 1619. contre les nommez du Chesne, Beauplay, du Bois, Mesnier, Saussier, & Pepinguy, desquels les marchandises saisies furent declarees confisquees, auec defenses de plus estaler, vendre ny debiter aucunes marchandises les Dimanches & Festes, à peine de punition corporelle.

ART. XI.

Il est defendu à tous Imprimeurs & leurs Compagnons de retenir plus de quatre copies de tous les liures qu'ils imprimeront, à sçauoir vne copie pour le Libraire qui fera imprimer ledict liure, vne pour le Maistre Imprimeur, vne pour le Correcteur, & la quarte & derniere pour les Compagnons, à la charge qu'ils seront tenus la presenter à celuy qui la fera imprimer, laquelle il sera tenu leur payer, ou en cas de refus, il leur sera loisible d'en disposer, ainsi qu'il semblera bon estre : & où il s'en trouueroit dauantage, seront punis comme infracteurs des Ordonnances.

Statuts, art. 15.

Par Sentence du Preuost de Paris du 1. Feurier 1618. contre Pierre Passi Compagnon Imprimeur, defenses ont esté faictes tant audict Passi qu'à tous autres Compagnons Imprimeurs de retenir plus de quatre fueilles de chacun liure qu'ils imprimeront, lesquelles fueilles lesdits Compagnons Imprimeurs seront tenus de rendre & mettre és mains du Maistre Imprimeur chez lesquels ils trauailleront, tous les Samedis, pour estre toutes lesdictes fueilles remises entre leurs mains lors que le liure sera paracheué d'imprimer, pour seruir lesdits quatre liures & copies, l'vne au Maistre Imprimeur, l'autre au marchand Libraire qui les fera imprimer, la troisiesme au Correcteur, & la quatriesme & derniere à eux appartenans, neantmoins sera offerte audit marchand Libraire, pour leur en payer ce qu'elle vaudra, sinon & au refus, permis d'en disposer comme bon leur semblera, le tout à peine de cent liures d'amende, & de prison.

ART. XII.

Les Maistres ne pourront soustraire malicieusement, ne retirer les Apprentifs, Compagnons, ou Fondeurs, ne Correcteurs l'vn de l'autre, sur peine des interests, & dommages de celuy à qui aura esté faicte la fraude. Ordonnance du Roy François I. l'an 1541. art. 15.

Pource que le mestier de Fondeur de lettres est connexe à l'Art d'Imprimerie, & que les Fondeurs ne se disent Imprimeurs ne les Imprimeurs ne se disent Fondeurs, lesdits Articles & Ordonnances auront lieu quant aux commandemens.

Ordonnance du Roy François I. 1541. art. 18.
Vn nommé Vincent le Feure fondeur de lettres d'Imprimerie ayant obtenu lettres de Maistrise du 17. Octobre 1601. pour auoir la franchise de Librairie & Imprimerie, par Arrest de la Cour de Parlement de Roüen, du 16. Ianuier 1604. a esté debouté de l'effect & entherinement desdictes lettres. Et depuis ledit le Feure ayant obtenu lettres en reglement de Iuges du 29. Decembre 1606. à l'encontre des Maistres & Gardes de la Librairie & Imprimerie de ladite ville de Roüen, par Arrest du Conseil du 27. Iuillet 1607. ledit le Feure a esté debouté desdictes lettres & entherinement d'icelles, & condamné és despens.

ART. XIII.

La liberté d'imprimer, tailler, grauer, vendre & debiter des Almanachs demeurera comme auparauant.

Arrest du 15. Iuillet 1608. contre Claude du Brueil, qui auoit obtenu lettres de Priuilege pour l'impression des Almanachs. Il y a aussi Arrest contre Guillaume Marette lequel auoit obtenu pareilles lettres de Priuilege pour l'impression des A B C.

Ne pourront

ART. XIV.

Ne pourront les Libraires vendre la fueille des liures de Classe, Latin, de grosses lettres sans commentaires ne Grec, plus de trois deniers tournois, & le Grec plus de six deniers, & autres liures de menuës lettres, ou de plus grand que celuy de Classe, au prorata: seront tenus diminuer le prix des liures, s'ils voyent qu'ils ont les iournees à meilleur marché, selon l'aduis des Recteur, Doyen, Maistres, & vingt-quatre Libraires Iurez de l'Vniuersité.

Ordonnance du Roy Charles IX. l'an 1571. art. 24

ART. XV.

Ceux qui exerceront l'Imprimerie, Librairie, ou Relieure au iour de la publication des presentes, seront tenus faire enregistrer leurs noms sur le liure du Syndic, sans frais.

Statuts, art. 37.

ART. XVI.

Enioinct à tous les Libraires, Imprimeurs, & Relieurs, apres la publication des presentes, de se presenter au Preuost de Paris, ou son Lieutenant Ciuil, pour en la presence du Procureur du Roy audit lieu, prester le serment de bien & fidelement se comporter & obseruer les Arrests, Ordonnãces, & present Reglement. Et outre faire enregistrer leurs noms sans aucuns frais, és Registres dudit Procureur du Roy : sans que le present article puisse nuire ne preiudicier aux Edicts, Arrests, immunitez, franchises, & libertez, concedees tant par le Roy à present regnant, que par ses predecesseurs Roys audit Estat d'Imprimerie, Librairie & Relieure.

Statuts, art. 38.

Arrest de verification desdits Statuts au Parlement, le 9. Iuillet 1618. Registré au Chastelet le 13. Iuillet ensuiuant. Et conuient noter, que pour dresser lesdits Statuts (d'autant qu'aux assemblees de la Communauté des Libraires, Imprimeurs, & Relieurs il y auoit ordinairement vne tres-grande confusion) sur vne requeste presentee au Preuost de Paris par le Syndic & Gardes, il leur fut permis par Sentence du 24. May 1617. de nommer & eslire dixhuict des plus capables du Corps de la Librairie & Imprimerie, pour auec eux deliberer & resoudre des affaires qui les concerneront, en tel lieu qu'il sera par eux aduisé, sçauoir de six Libraires Iurez, six non iurez, & six Imprimeurs. Laquelle eslection ayant esté faicte, & les Esleuz presté le serment pardeuant le Lieutenant Ciuil, comme appert par acte du 23. Mars 1618. ont esté lesdits Statuts redigez par escrit en la forme qu'ils ont esté verifiez au Parlement, comme dessus est dict.

Des Apprentifs Libraires, Imprimeurs, & Relieurs.

TILTRE II.

ART. XVII.

Est defendu à tous Libraires, Imprimeurs, & Relieurs de liures, de tenir Imprimerie, boutique de Librairie, & Relieure de liures en la ville de Paris, qu'ils n'ayent faict apprentissage en icelle : sçauoir pour les Imprimeurs par le temps & espace de quatre annees, & pour le regard desdits Libraires & Relieurs, par le temps & espace de cinq annees entieres & consecutiues : s'ils ne sont enfans, ou veufues de Libraires, Imprimeurs, ou Relieurs.

Statuts, art. 2.

Par l'Arrest du 26. May 1615. tout appentissage estoit limité à quatre annees. Lettres patentes du Roy Henry III. sur le reglement de l'Imprimerie, le 12. Octob. 1580. qui ne definissent point le temps. Arrest contre Fleury Bourriquant du 3. Iuillet 1604. Autre Arrest du dernier Feurier 1609. en interpretation de celuy du 27. Iuin 1577. par lequel le temps d'apprentissage est limité à trois ans, & celuy de seruir les maistres à deux ans continuels. Ordonnance du Roy Charles IX. l'an 1571. art. 9. Sentence contre Iean Pasquier du 14. Octobre 1619. Arrest confirmatif du Statut contre Samuel Poinsot, du 17. Decembr. 1619.

Art. XVIII.

Les enfans des Maistres Imprimeurs, Libraires, & Relieurs ne seront subiects à l'apprentissage, ny à aucune contribution : ains seront receus par les Syndic & Adioincts à leur premiere requeste, & sans aucuns frais.

Statuts, art. 2. & 9.

Arrest du 26. May 1615.

Art. XIX.

Aucun ne sera receu apprentif à l'Imprimerie, Librairie, & Relieure, qu'il ne sçache lire & escrire.

Statuts, art. 3.

L'Arrest du 26. May 1615. dict qu'on prendra ieunes enfans qui sçachent lire & escrire, pour à l'aduenir profiter au public.

Art. XX.

Tous apprentifs seront obligez pardeuant Notaires pour le temps & aux conditions cy-dessus. Et sera tenu le Libraire, Imprimeur, & Relieur qui aura receu l'apprentif le faire à l'instant immatriculer sur le registre du Syndic, à peine de nullité du breuet d'apprentissage qui en auroit ainsi esté faict, & faire apparoir d'iceluy.

Statuts, art. 4.

L'Arrest du 26. May 1615. dict que l'Apprentif sera tenu d'apporter son Breuet d'apprentissage, huict iours au plus tard, apres qu'il aura esté passé chez les Notaires, pour voir le iour qu'il sera entré chez son maistre, pour estre enregistré dedans le liure du Syndic, suiuant l'Arrest du 5. iour de Iuillet 1604. contre Fleury Bourriquant.

ART. XXI.

Ne sera loisible aux Libraires, Imprimeurs, & Relieurs, quitter ny faire aucune composition, pour quelque cause que ce soit, du temps porté par le breuet d'apprentissage, ny de prendre aucun argent pour redimer ou abreger ledit temps par absence dudit apprentif, à peine de mil liures d'amende pour la premiere fois, & de plus grande s'il y eschet.

Statuts, art. 4.

Sentence du Chastelet contre Claude Barbier, du 4. Iuillet 1601. Autre Sentence du 4. Aoust 1609. contre François Gregoire, & Nicolas Flamand son apprentif.

ART. XXII.

Ne pourront aucuns Maistres auoir & tenir apprentifs auec eux, que lesdits Maistres n'ayent esté apprentifs de ceste ville de Paris.

Arrest du 26. May 1615. Sentence du Preuost de Paris du 14. Mars 1618. par laquelle apres que Pierre des Vignes Relieur de liures, a recogneu en iugement n'auoir faict aucun apprentissage de Relieur en ceste ville de Paris, defenses luy sont faictes de faire aucuns apprentifs dudict Estat, ny retenir Compagnons pour trauailler chez luy. Et outre est ordonné que si aucuns enfans sont procedez du mariage dudict des Vignes, auparauant qu'ils puissent exercer ledict Estat, ils seront tenus de faire apprentissage chez les marchands Libraires, Imprimeurs, ou Relieurs, pour exercer iceluy, suiuant & conformément ausdits Arrests. Et neantmoins sans tirer à consequence, est permis audict des Vignes d'exercer ledit Estat de Relieur. Pareille Sentence du 13. Decembre 1618. contre Pierre du Puis Relieur, & sa femme.

ART. XXIII.

Les Imprimeurs ayans deux Presses ne pourront auoir que deux apprentifs, & les autres qui auront plus grand nombre desdictes Presses pourront auoir trois apprentifs, & non plus, & le Libraire vn apprentif seulement.

Statuts, art. 8.

Par l'Ordonnance du Roy François I. de l'an 1541. art. 3. il estoit permis de prendre tant d'apprentifs que bon sembloit. Y eut lettres patentes du 19. Iuillet 1542. portant commission au Seneschal de Lyon pour faire obseruer cet Edict, & specialement cet article 3. Les seruiteurs & Compagnons Imprimeurs s'y opposerent. Et par Arrest du grand Conseil du 11. Sept. 1544. fut ordonné que l'Edict seroit gardé nonobstant les apellations interiettees par les Compagnons Imprimeurs, & du Procureur du Roy à Lyon, qui furent mises au neant: fut defendu de contreuenir à l'Edict, sur peine de cent marcs d'or applicables au Roy, & autres amendes arbitraires. Le Roy Charles IX. par son Edict de l'an 1571. art. 3. adioustant à ce troisiesme art. du Roy François, ordonna qu'au cas qu'ils n'eussent qu'vn apprentif, ils seroient contraincts de prendre l'vn des enfans qui sont nourris en l'Hospital de la Trinité à Paris, aux charges & conditions qu'ils ont accoustumé estre donnez aux Maistres des autres mestiers de la ville. Toutesfois le mesme Roy Charles par sa Declaration du 10. Septembre 1572. ordonna que les Maistres Imprimeurs ne pourroient auoir plus de deux apprentifs à chacune presse, sçauoir l'vn à la presse, l'autre à la casse: sinon que les Compagnons fussent d'accord de receuoir plus de deux apprentifs, & sauf aux Maistres Imprimeurs à faire faire par iceux les ouurages plus faciles & de legere importance, & sans que les apprentifs soient Maistres. L'Arrest du 26. May 1615. limite le nombre des apprentifs pour tous, à deux tant seulement.

Tous

ART. XXIV.

Tous Libraires, Imprimeurs & Relieurs ne pourront prendre aucuns nouueaux apprentifs, que le temps de leurs premiers ne soit expiré, ou du moins six mois auparauant : aussi ne pourront auoir apprentifs qui soient mariez.

Statuts art. 11.

Arrest du 26. May 1615.

ART. XXV.

L'apprentif s'absentant du logis de son maistre sera tenu de faire le double du temps de son absence pour la premiere fois, & pour la seconde renoncera audict Estat : Et afin d'obuier aux abus qui s'y pourroient commettre, seront tenus les Maistres d'aduertir les Syndic & Gardes, du iour de l'absence dudict apprentif, pour estre escrit sur le liure dudict Syndic.

Statuts art. 5.

ART. XXVI.

Ledict apprentif apres le temps porté par son breuet d'apprentissage, retirera quittance de son Maistre au bas de sondit breuet, comme il aura seruy le temps y contenu, & en fin d'iceluy sera tenu seruir les Maistres en qualité de Compagnon.

Statuts, art. 6.

ART. XXVII.

Les Maistres Imprimeurs seront tenus de monstrer à leurs apprentifs l'Art d'Imprimerie.

Declaration du Roy Charles IX. le 10 Septembre 1572.

Art. XXVIII.

Les Colporteurs ne pourront tenir apprentifs.

Statuts, art. 26.

Sentence prouisionnale du Preuost de Paris contre les Colporteurs, du 29. Auril 1613.

Art. XXIX.

Defenses aux Compagnons de battre ne menacer les apprentifs : ains les doiuent laisser besongner à la volonté de leurs Maistres.

Ordonnance du Roy François I. en l'an 1541. art. 3. de Charles IX. en l'an 1571. art. 3.

Des Compagnons Libraires, Imprimeurs, & Relieurs.

TILTRE III.

ART. XXX.

APres le temps d'apprentissage expiré, les apprentifs seront tenus seruir les Maistres en qualité de Compagnons : à sçauoir ceux qui auront esté obligez pour le temps & espace de cinq ans, trois annees; & ceux qui n'auront esté obligez que quatre ans, seront tenus de seruir quatre ans apres.

Statuts art. 6.

Par l'Arrest du 26. May 1615. les Compagnons n'estoient obligez de seruir les Maistres à leurs gages que deux annees. De mesme par l'Arrest du dernier Feurier 1609. en interpretant celuy du 27. Iuin 1577. Arrest du 17. Decemb. 1619. contre Samuel Poinsot.

ART. XXXI.

Les Compagnons & Apprentifs ne feront aucuns banquets, soit pour entree, issuë d'apprentissage, n'autrement pour raison dudit Estat.

Ordonnance de François I. l'an 1541. art. 4. Charles IX. l'an 1571. art. 4.

ART. XXXII.

Pourront les Maistres Imprimeurs receuoir en leurs Imprimeries tels Compagnōs que bon leur semblera, & par lesquels ils estimeront que leur besongne pourra estre continuellement faicte, sans que les Compagnons de Paris & de Lyon se puissent attribuer aucune preference sur ceux qui auront esté receus Compagnons és Imprimeries des autres villes de ce Royaume : ains demeurera en la pleine liberté des Maistres receuoir en leurs maisons ceux desquels ils estimeront plus d'obeyssance, & qu'ils estimeront plus experts. Seront neantmoins les Compagnons de Paris & de Lyon preferez aux estrangers, hors l'obeyssance, & quand ils se voudront contenter du salaire ordonné.

Declaration du Roy Charles IX. l'an 1572. art. 9.

Cet article important aux Ouvriers a esté ainsi altéré & falsifié par une malignité punissable. Cette correction est faite sur l'Original de ladite Declaration.

ART. XXXIII.

Est enioinct à tous les Compagnons trauaillans chez leurs Maistres de garder & conseruer les copies sur lesquelles ils trauaillent, tant manuscrites qu'imprimees, pour en fin des labeurs estre par eux renduës & mises és mains de leurs Maistres, pour y auoir recours quand besoin sera: sans que pour raison de ce ils puissent pretendre aucune recompense que leurs gages; & mesmes seront tenus paracheuer les labeurs par eux encommencez, à peine de l'amende.

Statuts, art. 35.

L'Ordonnance du Roy Charles IX. l'an 1571. art. 12. & celle de l'an 1572. art. 8. dient que les Copies demeureront entre les mains des Maistres Imprimeurs, pour y auoir recours quand besoin sera.

ART. XXXIV.

Pareillement est defendu ausdits Compagnons de faire aucun Tric dedans les Imprimeries ny ailleurs. Comme aussi ils ne feront aucuns sermens entre eux, & n'exigeront argent pour faire bourse commune, comme ils ont cy-deuant faict, sur les peines portees par l'Edict de l'an 1572. & autres plus grandes peines s'il y eschet.

Statuts, art. 34.

Tric, est vn mot inuenté par les Compagnons, pour lequel, & incontinent apres la prononciation d'iceluy, ils delaissent leur ouurage pour faire quelque desbauche. Cela leur est defendu par l'Ordonnance de François I. en l'an 1541. art. 6. comme aussi de ne faire iour pour iour, ce que l'Ordonnance de Charles IX. 1571. art. 6. appelle iournee blanche; ains leur est enioinct par icelles de continuer : & s'ils font perdre formes ou iournees à leurs Maistres par leur faute & coulpe, seront tenus de satisfaire lesdits Maistres.

ART. XXXV.

De mesme, les Maistres Imprimeurs sont tenus continuer les œuures commencez, sans les pouuoir intermettre, si ce n'est pour remise raisonnable : auquel cas seront tenus bailler aux Compagnons besongne pareille, attendant que la premiere se puisse reprendre. Et où la discontinuation prendroit traict plus de trois sepmaines, sera loisible ausdits Compagnons eux retirer, & entreprendre autre besongne, sans qu'ils puissent estre contraints de retourner.

Ordonnance du Roy Charles IX. en l'an 1571.

Art. XXXVI.

Si le Marchand veut auoir l'ouurage qui ne se pourroit faire par ceux qui l'auroient commencé, le Maistre en pourra bailler partie à d'autres Imprimeurs : & neantmoins les Compagnons ne lairront iceluy œuure, qu'il ne soit paracheué par les vns ou par les autres. Et pourront les Maistres assortir les Compagnons en leurs ouurages, comme ils verront estre vtile.

Ordonnance de François I. 1541. art. 7. Charles IX. l'an 1571. art. 7. & en l'art. 8. il dit que les Maistres pourront assortir les Compagnons en leurs ouurages, en leur baillant besongne preste, & en pareil estat que la precedente.

Art. XXXVII.

Les Compagnons feront & paracheueront les iournees aux vigiles de Festes : ausquels iours les Maistres ne seront tenus ouurir Imprimerie, si ce n'estoit pour quelque cause preparatiue & legere pour le lendemain.

Ordonnance de François I. l'an 1541. art. 8. Charles IX. l'an 1571. art. 8. & en sa Declaration de l'an 1572. où il dict, que les Festes passees, & le labeur acheué, les Compagnons ne pourront pour le reste du mois laisser les Maistres.

Art. XXXVIII.

Les Compagnons ne feront autres Festes que celles commandees par l'Eglise.

Ordonnance de François I. l'an 1541. art. 9. Charles IX. l'an 1751. art. 9. Toutesfois par sa Declaration de l'an 1572. il ordonne qu'outre lesdites Festes, les Compagnons auront le iour S. Iean Porte-Latin, ensemble demy iournee le iour de Caresme prenant, & le iour du grand Vendredy francs, & exempts de tout labeur.

ART. XXXIX.

S'il prend vouloir à vn Compagnon s'en aller apres l'ouurage acheué, il sera tenu d'en aduertir le Maistre: comme aussi les Maistres seront tenus en aduertir les Compagnons huict iours auparauãt la fin de l'œuure.

Ordonnance du Roy François I. l'an 1541. art. 13. Charles IX. 1572. art. 7.

ART. XL.

Si l'vn des Compagnons laisse son labeur pour quelque occasion que ce puisse estre, les autres ne pourront laisser ne discontinuer le leur, & pourra le Maistre subroger en son lieu tel autre Compagnon & Apprentif qu'il pourra recouurer. Et neantmoins celuy qui aura failly sera condamné en tous despens, dommages & interests, s'il y eschet, & en telle reparation que le cas le meritera, le tout payable par corps: & s'il ne satisfaict à la condamnation pecuniaire dedans le temps prefix, ladite peine sera conuertie en celle du foüet, ou autre telle peine que le cas le requerra, suiuant le Iugement des Iuges ordinaires.

Ordonn. du Roy Charles IX. l'an 1571. art. 13. & 22.

ART. XLI.

Si vn Compagnon se trouue de mauuaise vie, ou qui ne face son deuoir, le Maistre en pourra mettre vn autre en sa place, sans que pour cela les autres puissent laisser l'œuure.

Ordonn. de François I. l'an 1541. art. 14. Charles IX. 1571. art. 14.

ART. XLII.

Ne pourront les autres Imprimeurs recouurer aucuns Compagnons, sans s'enquerir des Maistres de la maison desquels ils sortiront, si iceux Compagnons ont acheué leur labeur, ou sans apporter lettres de leur congé, signees de leurs anciens Maistres.

Ordonn. du Roy Charles IX. l'an 1571. art. 15.

ART. XLIII.

Les Maistres fourniront aux Compagnons les gages & salaires pour chacun mois respectiuement. Et auront lesdits Compagnons dix-huict liures tournois par mois à Paris. Et quant à ceux de Lyon y sera pourueu par le Seneschal de Lyon ou son Lieutenant.

Ordonn. de François I. l'an 1541. art. 10. Charles IX. en sa Declaration de l'an 1572. art. 5.

ART. XLIV.

Les gages des Compagnons commenceront quand la presse commencera à besongner, & finiront quand la presse cessera. Et sera tenu le Maistre faire commencer la presse vn iour apres que le Compositeur aura rendu la forme preste, & prins aduantage.

Ordonnance du Roy François I. en l'an 1541. art. 12. de Charles IX. en sa Declaration de l'an 1572. art. 8.

ART. XLV.

Les Compagnons se nourriront eux-mesmes ainsi qu'ils font aux Allemagne, Flandre, Italie, & ailleurs, soit en leurs maisons ou autrement, comme bon leur semblera, sans que les Maistres soient tenus de les nourrir, sauf à leur augmenter les gages par l'aduis des Libraires Iurez de Paris, Maistres Imprimeurs, & notables Bourgeois, non suspects aux parties.

Ordonnance de Charles IX. l'an 1571. lequel par sa Declaration de l'an 1572. art. 5. defend à tous Maistres Imprimeurs de ne nourrir les Compagnons, soit sous pretexte de les prendre en pension, ou sous quelque autre couleur, directement ou indirectement. Par l'Ordonnance de François I. l'an 1541. art. 1. les Maistres estoient obligez de les nourrir, & leur fournir chair & la despence de bouche raisonnablement selon leurs qualitez, en pain, vin & pitance.

ART. XLVI.

Est defendu à tous Compagnons Imprimeurs, Libraires, & Relieurs de faire aucunes assemblees, tant en general qu'en particulier, ny de porter aucunes armes offensiues ou defensiues, de iour ou de nuict, seuls ou en compagnie, & pour quelque cause que ce soit.

Statuts, art. 54.

Par les Ordonnances des Roys François I. en l'an 1541. art. 1. & de Charles IX. en May 1571. art. 1. il est dict que les Compagnons & Apprentifs de l'Art d'Imprimerie ne feront aucun serment, monopoles, & n'auront aucun Capitaine entre eux, Lieutenant, ne Chef de bande, ne bannieres ou enseignes: ne feront assemblees hors les maisons de leurs Maistres, n'ailleurs en plus grand nombre que cinq, sans congé & authorité de Iustice, sur peine d'estre emprisonnez, bannis, & punis comme Monopoleurs, & autres amendes arbitraires. Et par les mesmes Ordonnances art. 2. il est dict que lesdits Compagnons ne porteront aucunes espees, poignards, ne bastons inuasibles ès maisons de leurs Maistres en temps, ruë mercier, ne par la ville de Lyon, & ne feront aucunes seditions, sur peine d'estre emprisonnez, & punis comme seditieux, & autres amendes arbitraires. Defenses du Preuost de Paris du 15. Septemb. 1617. à tous Compagnons Imprimeurs & leurs complices, de faire aucunes assemblees, aller en troupe tant de iour que de nuict, ny de porter espees, poignards, bastons & autres armes offensiues, sur peine d'estre pendus & estranglez, publiees à son de trompe & affichees par les carrefours de l'Vniuersité, & autres lieux de la ville de Paris.

Art. XLVII.

Les Compagnons & Apprentifs ne feront aucune Confrairie, ne celebrer Messe aux despens communs; ne pourront choisir, n'auoir lieu particulier ne destiné, n'exiger argent pour faire bourse commune pour fournir aux despens de la Confrairie, Messes, & Banquets, ne pour faire autres conspirations.

Ordonn. de François I. l'an 1541. art. 5. Charles IX. l'an 1571. art. 3.

Art. XLVIII.

Tous Compagnons, tant Libraires & Imprimeurs que Relieurs, qui sont à present, & qui ont faict apprentissage en ceste ville de Paris, seront tenus se faire inscrire & enregistrer leurs noms sur le liure du Syndic, sans frais, incontinent apres la publication des presentes, pour obuier aux abus.

Statuts art. 37.

Des Correcteurs.

TILTRE IV.

Art. LXIX.

SI les Maistres Imprimeurs de liures en Latin ne sont sçauans ne suffisans pour corriger les liures qu'ils imprimeront, seront tenus auoir Correcteurs suffisans, sur peine d'amende arbitraire: lesquels seront tenus de bien & soigneusement corriger les liures, rendre leurs corrections aux heures accoustumees d'ancienneté, & en tout faire leur deuoir: autrement seront tenus aux interests & dommages qui seront encourus par leur faute & coulpe.

Ordonn. de François I. l'an 1541. art. 17.

Des Maistrises des Libraires, Imprimeurs, & Relieurs.

TILTRE V.

Art. L.

APres le temps d'apprentissage & seruice expiré, le Compagnon ayant aage competant, pourra se faire receuoir en qualité de Maistre Imprimeur, Libraire, ou Relieur, soy faisant certifier capable par deux Libraires Iurez, deux non Iurez, deux Maistres Imprimeurs, & deux Relieurs, en la presence du Syndic & Gardes: & promettra de bien & fidelement se comporter & administrer son Art de Libraire, Imprimeur, & Relieur, & de garder & obseruer les Edicts, Arrests, & Reglemens, & outre sera tenu mettre és mains dudit Syndic la somme de trente liures pour les affaires de la Communauté, de laquelle ledict Syndic sera obligé tenir compte.

Statuts, art. 6.

Arrest du 26. May 1615. qui adiouste, que dans la huictaine apres le temps du seruice accomply, les Compagnons apporteront leur breuet & quittance au dos par leurs Maistres, tant du temps dudit apprentissage, que du seruice qu'ils auront rendu à leursdits Maistres, pour estre deschargez sur le liure du Syndic, à peine de nullité desdits breuets. Autrement, & iusques apres la certification susdicte, defenses leur sont faictes d'ouurir boutique, ny Imprimerie, tenir magazin, ny trauailler en chambre en qualité de Maistres, sous peine de confiscation de leurs liures, Imprimeries, presses, Caracteres, & autres vstenciles seruans à la Librairie, Imprimerie, & Relieure. Les lettres patentes du Roy Henry III. sur le reglement de l'Imprimerie du 12. Octobre 1586. disent que l'attestation de la capacité se fera par les Maistres, pardeuant le Lieutenant Ciuil. Arrest confirmatif du Statut contre Samuel Poinsot du 17. Decembre 1619.

ART. LI.

La Maistrise ne s'acquiert par lettres du Roy, mais seulement en gardant ce qui est prescrit aux Tiltres des Apprentifs & des Compagnons.

Arrest donné au Parlement de Roüen le 16. Ianuier 1604. par lequel Vincent le Feure a esté debouté des lettres de Maistrises par luy obtenuës de l'Art d'Imprimeur en ladicte ville de Roüen. Cet Arrest confirmé par autre Arrest dôné au Conseil Priué du Roy le 28. Iuillet 1607. Pareil Arrest donné audit Conseil Priué du Roy le 16. iour d'Octobre 1618. au profit de Nicolas Crespon Imprimeur ordinaire du Roy en la ville de Sainctes, contre Iean Bichon soy disant pourueu de l'office d'Imprimeur & Libraire en ladicte ville de Sainctes, en vertu d'vne lettre de Maistrise en faueur de l'heureux mariage du Roy, dont il fut debouté.

ART. LII.

Les Compagnons qui auront faict & paracheué leur apprentissage en ceste ville de Paris le temps porté par iceluy, & qui prendront par mariage la fille de l'vn desdits Libraires, Imprimeurs, ou Relieurs, seront receus Maistres, moyennant leurdict mariage, sans aucun frais, & à leur premiere requeste.

Statuts art. 9.

ART. LIII.

Il est defendu au Syndic & Gardes de l'Vniuersité, de ne plus receuoir par chacun an qu'vn Libraire, vn Imprimeur, & vn Relieur, lesquels seront tenus eux presenter vn an auparauant leur reception, afin d'estre immatriculez sur le registre de la Communauté: afin par ce moyen d'obuier aux abus qui se commettent à cause du nombre effrené des Libraires, Imprimeurs, & Relieurs, & à ce qu'ils soient reduits à certain nombre, non compris les fils des Maistres. Et seront receus se presentans selon l'ordre de leur apprentissage.

Statuts, art. 16.

ART. LIV.

Est defendu aux Maistres de Confrairie de donner aucunes lettres d'ouuerture de boutique, iusques à ce qu'il soit apparu que ceux qui se presenteront pour prendre icelles ayent esté receus & instalez par les Syndic & Gardes de la Librairie & Imprimerie.

Sentence du Chastelet de Paris, du 15. Iuillet 1609. par laquelle Henry du Bourg qui n'auoit lettres que des Maistres de la Confrairie de S. Iean l'Euangeliste, fondee en l'Eglise des Mathurins, fut condamné fermer sa boutique, auec defenses de faire exercice, ny prendre qualité de Relieur, sur peine d'amende arbitraire. Autre Sentence contre Pierre du Croq, du 29. Aoust 1609.

Des Veufues des Libraires, Imprimeurs, & Relieurs.

TILTRE VI.

ART. LV.

LEs veufues des Libraires, Imprimeurs, & Relieurs pourront continuer à tenir Librairie, Imprimerie, & Relieure, & auoir des Compagnons, mesmes faire paracheuer aux apprentifs de leurs maris defuncts le temps de l'apprentissage; sans qu'elles puissent prendre aucuns apprentifs, ny affranchir leurs nouueaux maris pour tenir Librairie, Imprimerie, ou Relieure, au preiudice de l'apprentissage, & de ce qui est dict cy-dessus.

Statuts art. 10.

Par Sentence du Chastelet du 21. Mars 1614. apres que Pierre des Vignes & Iean du Puis, sont demeurez d'accord n'auoir faict apprentissage en ceste ville de Paris de la Librairie ny Relieure, & neantmoins soustenu pouuoir tenir boutique, pour auoir espousé des veufues de Relieurs de liures de cestedicte ville: Inhibitions & defenses leur furent faictes, suiuant les Arrests de la Cour, de tenir boutique, & faire aucun exercice de Librairie & Relieure, en quelque façon que ce soit, en ceste ville de Paris: à eux enioinct de fermer leurs boutiques, si aucunes ils ont, à peine de confiscation des liures, presses, & vstensiles.

Des Colporteurs.

TILTRE VII.

ART. LVI.

LEs Colporteurs ne pourront tenir apprentifs, magazin, ny boutique, ny Imprimerie, ny faire imprimer en leurs noms : mais porteront au col dans vne balle pour vendre des Almanachs, Edicts, & petits liures, qui ne passeront huict fueilles, brochez ou reliez à la corde, & imprimez par vn Libraire, ou Maistre Imprimeur de ceste ville de Paris, auquel sera son nom, sa marque, & la permission, le tout à peine de confiscation, & de dix escus d'amende.

Statuts, art. 26.

Sentence prouisionnale du Lieutenant Ciuil, contre les Colporteurs, du 29. Auril 1623.

ART. LVII.

Aduenant le decez de l'vn desdits Colporteurs, sera pris & preferé en son lieu à tous autres, vn ancien Maistre ou Compagnon Imprimeur, Libraire, ou Relieur, qui ne pourra plus trauailler, lequel sera presenté par le Syndic & Gardes, au Lieutenant Ciuil, & Procureur du Roy au Chastelet, pour estre registré sur le liure dudict Syndic en la maniere accoustumee, sans qu'aucun puisse colporter qu'il n'ait faict apprentissage desdits Estats, & qu'il ne soit ancien, comme il est dict cy-dessus.

Statuts, art. 27.

ART. LVIII.

Est defendu à tous Compagnons Imprimeurs, Libraires, ou Relieurs de colporter par la ville, s'ils n'ont attestation desdits Syndic & Adioincts qu'ils ne font rien de leurs Estats, à peine d'amende arbitraire, & confiscation de leur marchandise.

Statuts, art. 28.

ART. LIX.

Defenses sont faictes aux Colporteurs & autres, d'exposer en vente liures qui n'ayent esté imprimez auec permission & priuilege du Roy. Ce que toutesfois n'est entendu, & n'y sont compris les approuuez, lesquels par plusieurs fois autoient esté imprimez auec permission & priuilege.

Lettres patentes du Roy Henry III. du 12. Octobre 1586. registrees au Chastelet le 29. Octobre ensuiuant. Arrest du 15. Septembre 1616.

ART. LX.

Defenses à tous Colporteurs d'exposer aucuns liures en vente qu'ils n'ayent esté veus & approuuez, suyuant l'Ordonnance, ensemble visitez par le Syndic & Gardes de la Librairie & Imprimerie.

Sentence du Preuost de Paris le 25. Sept. 1607. contre Syluestre Moreau Colporteur, duquel la marchandise fut declaree confisquee, luy condamné en vingt sols d'amende, & remboursement des frais.

Art. LXI.

Defenses sont faictes à toutes personnes de vendre & colporter liures par la ville, s'ils ne sont du nombre des douze ordonnez & commis pour vendre és places & lieux, lesquels à ceste fin leur ont esté designez, cy-dessous declarez: & est enjoinct au premier des Examinateurs au Chastelet de Paris, ou premier Sergent sur ce requis, emprisonner ceux qu'ils trouueront vendans ou colportans liures par la ville, autres que les douze ordonnez & deputez pour ce faire. Ensuiuent les lieux & places esquels lesdits Colporteurs vendront lesdits liures: à sçauoir deux au bout du pont sainct Michel, deuant la barriere des Sergens; deux au bout dudit pont deuant le Marché neuf; deux deuant l'horloge du Palais; deux deuant le pont aux Musniers à la vallee de misere; deux au Marché pallu, vis à vis de nostre Dame.

Sentence du Preuost de Paris, du Samedy 6. iour d'Aoust 1594. Long temps auparauant les places des Colporteurs auoient esté reglees par Sentence du Bailly du Palais du 22. Septembre 1578. confirmee par Arrest du dernier Auril 1579. En suitte dequoy par autre Sentence dudict Bailly du Palais du 3. Iuillet 1579. fut permis aux Colporteurs lors demandeurs vendre Almanachs, Edicts, Ordonnances, Arrests imprimez, & petits liures non censurez, en la Cour du Palais és endroicts, forme, & departement qui ensuit: à sçauoir que partie desdits Colporteurs se retirera du costé de la saincte Chappelle, vis à vis des grands degrez d'icelle, & à quatre toises prés: Et l'autre partie se retirera du costé du May du Palais à vne toise prés du Carquant estant deuant ledict May. Seront tenus lesdits Colporteurs d'estaller & se placer en long & par rang selon l'ordre de leur nomination en ce present departement, comme aussi ils seront tenus changer par chacune sepmaine de lieu & place; de sorte que ceux qui auront esté du costé de la saincte Chappelle l'espace d'vne sepmaine, ils seront l'autre sepmaine ensuyuant du costé dudit May du Palais. Outre leur sont faictes defenses tres-estroittes de quereller les vns contre les autres, ny contre les Marchands qui ont boutiques dans le Palais, comme aussi defenses sont faictes ausdits Marchands du Palais de leur reprocher ny improperer le lieu à eux designé, ny autre chose, sur peine d'amende arbitraire, & de punition corporelle s'il y eschet. Autre Sentence dudict Bailly du Palais du 21. Aoust 1579. confirmatiue de la precedente, par laquelle aussi defenses sont faictes à tous Colporteurs de liures qui ne sont compris audit Reglement de vendre aucun liure en la Cour du Palais & enclos d'iceluy, sur peine d'amende arbitraire, confiscation de leur marchandise, & punition corporelle s'il y eschet. Permis aux vrais Colporteurs, & à chacun d'eux de faire saisir & arrester les autres Colporteurs qui ne sont nommez ny comprins audict reglement, qui se trouueront refractaires & contreuenans à iceluy. L'an 1616. Gilles Mesnard, Iacques Bellay, & Iacques la Croix pour auoir faict office de Colporteurs, combien qu'ils ne fussent du nombre des douze, furent emprisonnez, & par Sentence du Chastelet le 3. Mars audit an, leurs liures saisis furent declarez confisquez au profit des Colporteurs. Le mesme a esté iugé par Sentence du Procureur du Roy au Chastelet le 29. May 1617. contre Nicolas Gagnier, qui en outre fut condamné en 24. sols parisis d'amende, & aux despens.

Des Marchands forains.

TILTRE VIII.

ART. LXII.

LEs Libraires forains ne pourront tenir boutique, magasin, ou Imprimerie, ny faire afficher leurs liures en la ville de Paris par le moyen de facteurs, ou autres personnes qu'ils pourroient interposer. Comme aussi il est defendu à tous Libraires, Imprimeurs, & Relieurs de ceste ville de Paris de faire aucune facture pour les Libraires tant de dehors que dedãs le Royaume: & ne sejourneront lesdits Marchands forains plus de trois sepmaines pour tous delais, à compter du iour de l'ouuerture & visite de leursdits liures, pour la distribution d'iceux, à peine de confiscation des marchandises qui se trouueront ledit temps expiré, & d'amende arbitraire aux contreuenans.

Statuts, art. 20.

Sentence du Preuost de Paris contre Estienne Vereüil, & Iean Pain, marchands Libraires de Roüen, du 2. Iuillet 1619. Par autre Sentence du 5. Nouembre 1613. contre Paul Frelon Libraire de la ville de Lyon, defenses luy ont esté faictes, & à tous autres Marchands forains d'exposer en vente aucune marchandise de Librairie en ceste ville de Paris, plus long temps que quinzaine par chacun an, en peine de confiscation.

Du Syndic & Adioincts.

TILTRE IX.

ART. LXIII.

LEs Compagnons Imprimeurs, Libraires, & Relieurs se faisant receuoir Maistres, bailleront la somme de trente liures tournois entre les mains du Syndic, pour subuenir aux affaires de la Communauté, de laquelle ledict Syndic sera obligé tenir compte.

Statuts, art. 6.

L'Arrest du 26. May 1615. ne portoit que vingt liures, mais la Cour en verifiant le Statut qui faict mention de soixante liures, par son Arrest du 9. Iuillet 1618. a moderé ceste somme à trente liures. Sentence du Preuost de Paris contre Pierre des Vignes Relieur, du 14. Mars 1618. Pareille Sentence contre Pierre du Puis Relieur, du 15. Decemb. ensuiuant. Autre pareille Sentence contre Louys Fremeri, du 16. Ianuier 1619. Deux autres Sentences du 16. Ianuier 1619. contre Laurens Merien, & Barthelemy Garache.

ART. LXIV.

Tous Libraires, Imprimeurs, & Relieurs s'assembleront par chacun an en la salle des Mathurins au bureau de la Communauté, en la presence du Lieutenant Ciuil, & du Substitut du Procureur general au Chastelet, le 8. iour de May, à deux heures de releuee, & non plus tard, pour proceder à l'eslection d'vn Syndic, & de quatre Adioincts : à sçauoir d'vn Libraire & d'vn Imprimeur, à la descharge des deux precedens. Et seront tenus lesdicts Syndic & Adioincts prester le serment à l'instant de leur reception, de bien & fidelement se comporter en leur charge, de quoy leur sera donné acte : & continueront ladicte assemblee d'annee en annee, sans frais.

Statuts, art. 17.

Lettres patentes du Roy Henry III. du 12. Octobre 1586. sur le reglement de l'Imprimerie : qui adiouste, L'office & charge desquels sera de tenir la main à ce qu'il ne s'imprime en la ville de Paris aucun liure, ou libelle diffamatoire, ou heretique, & contre la saincte Eglise Catholique, Apostolique & Romaine. Et au cas qu'ils en trouuassent aucuns, ils seront tenus incontinent & sans delay en faire leur rapport au Lieutenant Ciuil, pour y estre par luy pourueu.

Art. LXV.

Les Syndic & Adioincts prendront garde de faire bien & deuëment entretenir de poinct en poinct le present Reglement, selon sa forme & teneur, à peine d'en respondre en leurs propres & priuez noms, & d'estre condamnez en mil liures d'amende pour la premiere fois.

Statuts art. 36.

Le 20. Nouembre 1610. le Preuost de Paris ou son Lieutenant Ciuil fit vn certain nouueau Reglement, duquel la Communauté des Libraires interietta appel. Par Arrest du 15. Feurier 1611. la Cour mit l'appellation & ce dont a esté appellé au neant, & en emendant ordonna que les Ordonnances & Arrests de la Cour seruans de Reglemens pour le faict de la Librairie seroient gardez & obseruez par les appellans: & en cas de contrauention, ou que pour nouuelles occurrences il eschée de faire quelque nouueau Reglement, defenses de se pouruoir ailleurs qu'en ladicte Cour.

Art. LXVI.

Enjoinct aux Libraires, Imprimeurs, Relieurs, Colporteurs & autres, de porter honneur & respect aux Syndic, Gardes, & Adioincts: & defenses, de les iniurier, mesfaire, ny mesdire.

Sentence du Chastelet contre Claude Percheron, du 17. Iuin 1617. Autre Sentence contre Abraham le Febure, du 15. Decembre 1617.

De la Visitation des Liures

TILTRE X.

ART. LXVII.

LEs Syndic & Adioincts iront en visite suiuant les Edicts & Reglemens cy-deuant donnez pour raison de ce, & feront leur rapport des maluersations qui se commettent pardeuant le Lieutenant Ciuil.

Statuts, art. 18.

Par l'Ordonnance du Roy Charles IX. en l'an 1571. art. 23. il est dict que les Maistres de Paris esliront par chacun an deux d'entre eux, auec deux des 24. Libraires Iurez, l'office desquels sera de regarder qu'il ne s'imprime aucun liure, ou libelle diffamatoire, ou heretique, & que les impressions soient bien & conuenablement faictes, correctement & en bon papier, bons caracteres, qui ne soient par trop vsez. Et où les Iurez trouueront quelques fautes qui meritent reprehension, soit en l'impression, ou que les Articles & Reglemens portez par les Ordonnances Royaux ne soient obseruez, ils en feront leur rapport pour y estre pourueu par le Iuge ordinaire Ciuil ou Criminel, selon l'exigence du cas: autant en feront ceux de Lyon. Arrest du 15. Septemb. 1616.

Tous

Art. LXVIII.

Tous Libraires, Imprimeurs, & Relieurs, marchands forains, qui auront faict venir aucuns liures de dehors le Royaume, ou autre ville de l'obeyssance du Roy en ceste ville de Paris, sont tenus iceux faire apporter dans le Magasin ou Chambre de la Communauté des Libraires, soit par balles, tonnes, quesses, bahuts ou pacquets, blancs ou reliez, lesquels ils ne pourront retirer de la Doüane sans permission du Syndic & Adioincts, qui les visiteront, encores qu'elles fussent enuoyees à quelques particuliers, en la maniere accoustumee. Et où il se trouueroit liures, ou libelles diffamatoires, contre l'honneur de Dieu, bien & repos de l'Estat, imprimez sans nom d'Autheur, du Libraire, & de la ville où ils auroient esté imprimez, & contrefaicts sur ceux qui auront esté imprimez par aucuns des Libraires de ceste ville de Paris, il est enioinct ausdicts Syndic & Gardes de saisir & arrester toutes lesdictes marchandises, & faire assigner ceux à qui elles seront enuoyees pour se voir condamner en l'amende, & voir confisquer lesdits liures à qui il appartiendra : reserué ausdits Syndic & Adioincts le tiers de toutes lesdites confiscations, le tout à peine d'en respondre en leurs propres & priuez noms.

Statuts art. 19.

Sentence du Preuost de Paris, contre Estienne Vereüil, & Iean Pain Libraires de Roüen, du 2. Iuillet 1619.

ART. LXIX.

Il est defendu à tous marchands tant de ceste ville de Paris que forains, ayant faict amener liures en ceste ville de Paris, de les vendre & debiter, qu'ils n'ayent esté visitez par les Syndic & Adioincts, ny les retirer de la Doüane qu'auec le certificat desdits Syndic & Adioincts : lesquels Syndic, Gardes, & Adioincts seront tenus aussi prendre tillet les vns des autres, pour estre leurs marchandises veuës & visitees, ainsi que les autres Libraires, sur les mesmes peines que dessus.

Statuts, art. 21.

Par Arrest du 15. Feurier 1611. il est ordonné que les liures apportez en ceste ville de Paris seront veus & visitez és boutiques des Libraires par les Syndic & Adioincts de la Communauté, en la maniere accoustumee. Sentence du Preuost de Paris le 2. Iuin 1617. contre la veufue Iean de Rieux, & Augustin Mees, voicturiers par terre de la ville de Roüen, par laquelle defenses sont faictes à tous marchands Libraires, voicturiers, & autres personnes de deliurer aux marchands Libraires & autres de ceste ville de Paris, aucune marchandise, qu'au preallable elle n'ait esté menee à la Doüane, visitee, & eu le tillet des Syndic & Gardes, à peine de quatre cens liures parisis d'amende, & de confiscation, nonobstant oppositions ou appellations quelconques. Pareille Sentence du 7. Octobre 1617. contre Martin Tabouette voicturier de Roüen. Sentence du Preuost de Paris contre Nicolas Valleton, & Iean Fay marchands Libraires de la ville de Troyes, du 13. Iuin 1619. Pareille Sentence contre Pare Piot du 4. Iuillet 1619. Autre pareille Sentence contre Nicolas Preuost Libraire de Roüen, du 16. May 1619.

ART. LXX.

Defenses sont faictes ausdits Syndic & Adioincts d'acheter ou faire acheter, ne mettre à part aucuns liurés pour acheter en faisant ladicte visite des balles de marchandises foraines, si ce n'est 24. heures apres ladicte visite.

Statuts, art. 22.

ART. LXXI.

Lesdits Syndic & Gardes visiteront les Dominotiers, Imagers, & Tapissiers, à ce qu'ils n'ayent à imprimer, ny vendre aucuns placarts ou peintures dissoluës, & s'ils ont des presses en leurs maisons, de voir qu'elles soient bien garnies de grands tympans propres à imprimer histoires & planches, sans auoir d'auantage de lettres en leurs maisons que ce qui leur est ordonné par l'Edict & Arrest de la Cour.

Statuts, art. 23.

Cecy est expliqué plus au long par les lettres patentes du Roy Henry III. du 12. Octob. 1586. où il est dict que les Dominotiers ne pourront tenir presses en leurs maisons ny ailleurs, sinon grandes presses accommodees de grands tympans propres pour imprimer histoires; & ne pourrõt tenir grosses lettres ne petites: ains s'ils ont affaire de lettres, se pourront retirer pardeuers les Maistres qui ont les lettres, en conuenant de prix auec eux pour leur imprimer ce qu'ils auront à faire. Les Tapissiers ne pourront tenir en leurs maisons ny autrement, chassis, tympans, frisquettes, cornieres, ny couplets à leurs presses; & leurs platines seront d'vn pied & demy de long, & dix poulces de large; & seront de bois, & n'en pourront auoir de fer, ny tenir aucunes lettres en leur possession, directement ou indirectement. De mesmes a-il esté defendu aux Libraires & Imprimeurs d'imprimer histoires, par Sentence du Chastelet contre Nicolas Callemont du 17. Decemb. 1610.

Des Libelles diffamatoires, & autres liures prohibez & defendus.

TILTRE XI.

ART. LXXII.

TOus Imprimeurs, Libraires, ou Relieurs qui imprimeront, ou feront imprimer liures, ou libelles diffamatoires, seront punis comme perturbateurs du repos public, & en ce faisant priuez & descheuz de tous leurs priuileges & immunitez, & declarez incapables de pouuoir iamais exercer l'Art d'Imprimerie ou Librairie.

Statuts, art. 13.

Ordonn. du Roy Charles IX. l'an 1563. Edict de Moulins 1566. art. 78. Par Arrest du dernier Iuillet 1565. fut defendu à tous Imprimeurs, Libraires, ou autres personnes de quelque estat qu'elles soient, d'imprimer ou faire imprimer aucuns liures pleins de blasphemes, conuices, & contumelies, petulans, & ne tendans qu'à troubler l'Estat & repos public, sur peine de confiscation de corps & de biens.

Sentence du Bailly du Palais contre Ioseph Bouillerot & Melchior Mondiere du 27. Auril 1618. par laquelle il fut dict que les fueilles imprimees seroient rompuës & lacerees, ledit Bouillerot condamné en douze liures parisis d'amende, & ledit Mondiere en trente deux liures parisis enuers le Roy: à eux enioinct de garder & obseruer les Edicts & Ordonnances, à peine de prison & de punition corporelle.

ART. LXXIII.

Afin que les Iurez, & Imprimeurs & Libraires puissent estre informez plus particulierement des liures qui s'impriment, aucun Imprimeur ou Libraire ne pourra cy apres imprimer, faire imprimer, ou mettre sur la presse aucun liure, que premier il n'en ait baillé le tiltre, & le nom de l'Autheur aux Syndics desdicts Imprimeurs & Libraires : dont lesdits Syndics seront tenus faire registre, & d'iceluy en porter vn brief estat au Lieutenant Ciuil.

Lettres patentes du Roy Henry III. sur le Reglement de l'Imprimerie, du 12. Octob. 1586. registré au Chastelet le 29. Octob. ensuiuant. Mais cet article ne s'obserue plus à cause des Reglemens subsequents, qui en ont disposé autrement.

ART. LXXIV.

Pour le regard des liures concernans la Religion, il y a cy-deuant eu diuers Edicts, Ordonnances, & Reglemens, les vns plus doux, les autres plus rigoureux, suiuant les passions esquelles les troubles & mouuemens pour le faict de la Religion auoient ietté les esprits des François: mais maintenant que par la grace de Dieu, & le bon-heur de nostre Roy, nous iouyssons de la paix tant desiree, tout cela a changé de face: & les Magistrats prennent garde & punissent, si dans les liures & escrits il se trouue quelque diffamation, ou autre chose qui soit contraire au bien de l'Estat, repos & tranquillité publique.

Sentence du Lieutenant Ciuil du 2. iour de Ianuier 1620. contre le sieur Daubigné, pour l'Histoire vniuerselle faicte par ledit sieur Daubigné, imprimee à Maillé par Iean Moussart, par laquelle il fut dict que ledict liure seroit bruslé en la place & deuant le College Royal en l'Vniuersité: & ledit iour ladicte Sentence fut executee. Autre Sentence du 24. Ianuier 1620. contre Iean Berjon, & Samuel Petit, pour libelles diffamatoires, par laquelle il fut dit que la Presse à imprimer que ledict Berjon auoit faict porter à Charenton seroit ostee dans 24. heures, & les liures bruslez.

Des Priuileges pour l'impreßion des Liures.

TILTRE XII.

ART. LXXV.

L'Impreßion de tous nouueaux liures est defenduë en ce Royaume sans la permißion du Roy, par lettres du grand Seel : ausquelles sera attachee la certification de ceux qui auront veu & visité le liure : & ne sera loisible d'imprimer aucun liure, sans au commencement & premiere page nommer l'Autheur & l'Imprimeur.

Edict du Roy Charles IX. de l'an 1571. art. 10.

ART. LXXVI.

Est defendu à tous Libraires, Imprimeurs, & Relieurs de contrefaire les liures desquels il y aura priuilege obtenu du Roy : mesmes d'en acheter aucuns ainsi contrefaicts des marchands forains, ny d'en faire venir en aucune forme & maniere que ce soit, sur les peines portees par les priuileges qui en auroiét esté obtenus.

Statuts, art. 33.

Arrest donné au Conseil Priué du Roy, le 18. Ianuier 1603. pour les vsages, Messels, Breuiaires & Heures reueuës par le Pape Clement VIII. confirmé par autre Arrest du 2. Iuin ensuiuant.

ART. LXXVII.

Est pareillement defendu à tous Imprimeurs, Libraires, & Relieurs d'obtenir aucune prolongation des priuileges pour l'impression des liures, s'il n'y a augmentation aux liures desquels les priuileges sont expirez.

Statuts art. 33.

Arrest de la Cour du 28. Auril 1578. Arrest donné au Conseil Priué du Roy le 2. Iuin 1603. par lequel defenses sont faictes à tous Libraires, Imprimeurs, & autres de poursuiure à l'aduenir sous quelque pretexte que ce soit, prolongation de priuilege des Messels, Breuiaires, & Diurnaux, ny nouueau priuilege pour aucune correction ny augmentation qui en pourroit cy-apres estre faicte par sa Saincteté. Le mesme fut derechef ordonné par Arrest dudict Conseil du 23. Decembre 1611. contre Pierre Mettayer & Clouis Eue, qui en auoient obtenu lettres de nouueau priuilege, lesquelles furent reuoquees par ledit Arrest. Autre Arrest donné par les Maistres des Requestes de l'Hostel, Iuges souuerains en ceste partie, le 5. May 1617. contre de Varennes & du Bray pour l'impression de la premiere & seconde partie de l'Astree du seigneur d'Vrfé. Arrest de la Cour du 19. Aoust 1617. par lequel fut dict que Françoise de Louuain veufue d'Abel Langelier qui auoit obtenu vne prolongation de son priuilege pour l'impression du Seneque, auroit seulement vn delay de six mois pour vendre lesdits liures, apres lequel delay expiré permis à vn chacun de l'imprimer & vendre concurremment.

Depuis

ART. LXXVIII.

Depuis qu'vn Liure a vne fois esté faict public, ou imprimé hors le Royaume, aucun ne peut obtenir vn priuilege particulier pour l'imprimer en ce Royaume.

Arrest donné au Conseil Priué du Roy le 14. Mars 1583. pour le Cours Canon imprimé à Rome, plaidant Monsieur Marion pour l'Vniuersité. Autre Arrest de la Cour de Parlement du 15. Mars 1586. pour l'impression des Oeuures de Seneque reueuës & annotees par Marc Antoine de Muret, plaidant ledit sieur Marion pour Iacques du Puis, & Gilles Beys. Autre Arrest de la Cour, moy Bouchel plaidant pour Pillehotte de Lyon touchant la somme de S. Thomas. Autre Arrest du 3. Aoust 1579. contre Philippes Tinghy marchand Libraire de Lyon.

De la Marque des Liures.

TILTRE XIII.

ART. LXXIX.

LEs Maistres Imprimeurs, & les Libraires seront tenus choisir & auoir vne marque particuliere, laquelle ils mettront, ou feront mettre és liures qu'ils imprimeront, ou feront imprimer, sans qu'ils puissent prendre les marques les vns des autres. Et feront lesdits Libraires mettre & apposer leurs marques au deuant & commencement desdits liures qu'ils feront imprimer: comme aussi les Imprimeurs seront tenus mettre leurs marques en fin desdits liures, lesquels ne se pourront vendre ailleurs qu'és boutiques & officines desdits Imprimeurs & Libraires, suiuant ce qui a esté ordonné & obserué.

Ordonn. de François I. l'an 1541. art. 16. Lettres patentes du Roy Henry III. du 12. Octob. 1586. Arrest du 3. Aoust 1579. pour Damoiselle Ieanne Ioncty, contre Philippe Tinghy marchand Libraire de Lyon, touchant la marque de la fleur de lys de Florence. Autre Arrest du Ieudy 6. Iuillet 1606. moy Bouchel plaidant pour la grande Compagnie des Imprimeurs & Libraires de la ville de Paris, contre deux ou trois particuliers, touchant la marque de la Nauire. Ces deux Arrests, auec les Plaidoyez se trouueront dans la Bibliotheque du droict François, sous la diction, *Marque*. Sentence du Lieutenant Ciuil du 12. Feurier 1613. contre Iean le Bouc le ieune pour la mesme marque.

Art. LXXX.

Est defendu aux Libraires & Imprimeurs de supposer ou desguiser le nom, la marque, ou le lieu auquel lesdits liures seront imprimez, aux peines de confiscation de tous les exemplaires qui se trouueront, & de trois mil liures d'amende pour la premiere fois.

Statuts art. 32.

Edict de Charles IX. l'an 1572. art. 10. Par Arrest du 12. Aoust 1609. moy Bouchel plaidant pour la Cōmunauté des Libraires de Paris, Pierre Chouët Libraire de Geneue, qui auoit en vn liure par luy imprimé, au lieu de la ville de Geneue, mis imprimé à Lyon, fut cōdamné en cent liures d'amende applicable à l'aumosne de Lyon, & aux despens liquidez à quatre vingts liures parisis. Et sur les conclusions de Monsieur le Procureur general du Roy, la Cour fit deffēses tant audit Chouët, qu'autres, imprimer, ne faire imprimer aucuns liures que le nom de la ville, & de celuy qui l'aura imprimé n'y soit expressément & disertement exprimé & declaré au commencement du liure, à peine de confiscation desdits liures, d'amende arbitraire, & de punition corporelle s'il y eschet. Et par Sentẽce du Chastelet contre Ioseph Guerreau Maistre Imprimeur, & Iean Vialla Compagnon Imprimeur son seruiteur, du 15. Iuillet 1617. defenses sont faictes audict Guerreau d'imprimer aucune chose sous le nom dudit Vialla, ny à iceluy Vialla prester son nom, à peine de prison, & de punition corporelle : & decret d'adiournement decerné contre tous les deux. Autre pareille Sentence contre lesdits Vialla & Guerreau, du 4. Aoust ensuiuant. Par Arrest donné au Conseil Priué du Roy le 24. Mars 1618. tres-expresses defenses furent faictes à tous Imprimeurs & Libraires de vendre aucuns liures esquels le nom des Libraires & des villes où l'impression aura esté faicte ne soient specifiez, & particulierement le liure du Cours Canon, sur peine de confiscation desdits liures, despens, dommages & interests, & punition corporelle s'il y eschet. Sentence du Preuost de Paris le 24. Auril 1598. contre Pierre Cheuillot Imprimeur demeurant à Troyes, qui auoit mis en vn liure par luy imprimé, *Parisijs apud Ioannem de Hucqueuille*, pourquoy fut dict que ledit premier fueillet seroit biffé & deschiré, & par luy refaict, condamné en deux escus d'amende, & és despens taxez trois escus ; auec defenses à luy & tous autres Libraires & Imprimeurs de contreuenir à l'Ordonnance.

Des Inuentaires, prisees, & ventes.

TILTRE XIV.

ART. LXXXI.

SOnt faictes inhibitions & defenses à toutes personnes de quelque qualité & condition qu'ils soient, s'ils ne sont Libraires, de faire description & prisee de liures qui seront exposez en vente, ny en quelque sorte & maniere que ce soit, à peine de nullité desdites descriptions & prisees, & d'amende aux contreuenans. Ne pourrõt neantmoins les Libraires qui auront faict lesdictes prisees, acheter aucuns liures dudit inuentaire, sinon à l'enquant, comme plus offrant & dernier encherisseur.

Statuts, art. 24.

Par l'Arrest du 27. Iuin 1577. defenses sont faictes à toutes personnes de faire aucune prisee ou inuẽtaire d'aucuns liures blancs ou reliez, neufs ou frippez, sinon aux 24. Iurez Libraires. Et par Sentence du Chastelet contre Dauid Douceur, en datte du 31. iour de May 1600. defenses sont faictes à tous Libraires d'acheter, ny s'associer auec autres pour l'achat des liures desquels ils auront fait la prisee, à peine d'amende arbitraire. Et à ce qu'aucun n'en pretende cause d'ignorance, sera publié à son de trompe par les quarrefours de l'Vniuersité de Paris, & registré au registre des bannieres dudict Chastelet de Paris.

Art. LXXXII.

Le semblable sera gardé pour les presses & lettres d'Imprimerie, qui seront prisees & inuentoriees par deux Maistres Imprimeurs, en la forme receuë, ainsi qu'il est accoustumé, soit par l'aduis d'aucun d'entre eux, ou d'autre, en façon que ce soit, pour estre lesdites prisees & inuentaire joincts aux autres inuentaires des autres meubles, sans estre coppiez par autres.

Statuts, art. 25.

Apres le decez de Dauid le Clerc Maistre Libraire & Imprimeur à Paris, le Lieutenant Ciuil par sa Sentence du 12. Decembre 1613. ordonna que la description & prisee des liures & vstanciles d'Imprimerie dudict defunct le Clerc seroit mise és mains de Maistre Iean Charles Notaire au Chastelet de Paris pour estre adioustee à la minute de l'inuentaire par luy encommencé des biens demeurez dudit defunct le Clerc, & en estre par luy deliuré autant en grosse à Philippes Fabon sa veufue en la payant & satisfaisant par elle suiuant ses offres. Dont ladicte veufue auroit appellé, & auec elle se seroit joincte la Communauté des Libraires, comme aussi la Communauté des Notaires se seroit ioincte auec ledict Charles : Par Arrest du 15. Nouemb. 1614. la Cour ioignit l'instance de prouision en ce qui concerne le reglement des deux corps, à l'instance principale pendante en icelle. Et neantmoins ordonna que la description & prisee des liures & vstanciles d'Imprimerie dudict defunct le Clerc seroit mise és mains dudit Charles pour seruir de minute, & estre adioustee à la minute de l'inuentaire par luy faict des autres biens dudict defunct, & inseree en la grosse dudict inuentaire par vn seul article, sans que le present Arrest puisse faire preiudice à l'appointé au Conseil, ny audict reglement. Et d'autant que ladicte veufue voulant retirer son inuentaire, ledit Charles subtilisant sur les mots dudit Arrest, ne le vouloit deliurer qu'en y adioustant la description des liures & vstanciles de l'Imprimerie tout au long, & non par vn seul article sans section ny distinction ; cela fut cause qu'elle presenta sa requeste à la Cour pour faire interpreter ledict Arrest : de sorte que sur icelle, au rapport de Monsieur de Grieux, interuint Arrest du 19. Decemb. 1614. par lequel fut dict que la description & prisee des liures seroit inuentoriee par ledict Notaire, sans declaration particuliere desdits liures & vstanciles, mais seulement faict mention en general d'iceux liures & vstanciles rapportez par la description & prisee faicte par tels Libraires, vn tel iour.

Des Franchises, Exemptions, & Immunitez des Libraires.

TILTRE XV.

ART. LXXXIII.

PAr lettres patentes du Roy Charles VI. de l'an 1383. a esté donné à l'Vniuersité de Paris, en consequence des priuileges à eux accordez par le Roy & Empereur Charlemagne fondateur d'icelle, qu'ils seroient exempts de toutes impositions, & autres aydes, tant de leurs vins, & autres biens prouenans de leur creu, pour en faire la vente par eux ou leurs seruiteurs, en gros ou en detail, que de ceux qu'ils acheteront pour leur necessité, ensemble de toutes tailles, impositions, & leuees de deniers tant sur leur marchandise & denree dont aucuns Officiers de ladicte Vniuersité s'entremettent & trafiquent: gardes & guet de portes, tant de iour que de nuict, & de toutes autres charges publiques, & contributions de deniers ordonnez estre leuez sur les habitans de Paris.

Art. LXXXIV.

Par lettres patentes du Roy Loys XII. dónees à Blois le 9. Aur. 1513. en faueur de l'Vniuersité de Paris, les 24. Libraires, deux Relieurs, deux Illumineurs, & deux Escriuains Iurez en ladicte Vniuersité, qui sont les vrais supposts & Officiers esleus par tout le corps d'icelle, sont declarez francs, quittes, & exempts de toutes tailles, aydes, gabelles, impositions, dons, octrois, prests, & autres subsides mis sus, ou à mettre en ce Royaume, & ville de Paris: ensemble de tous guets de ville & gardes des portes, fors & reserué en cas d'eminent peril. Plus est declaré que tous liures, soit en Latin ou en François, reliez, ou non reliez, sont francs, quittes, & exempts de tous peages, chef-d'œuure, chaussee, imposition foraine ou priuee, quelque part qu'ils soient transportez, soit par eau ou par terre, sans que pour lesdits liures les Libraires ou voicturiers portans ou conduisans iceux parmy ce Royaume, ou hors d'iceluy, soyent tenus payer aucun peage, acquit, imposition, ou autre subside quelconque, soit que lesdits liures appartiennent aux Escholiers, Libraires Iurez, ou autres non Iurez, nonobstant quelconques Ordonnances, Edicts, Statuts, restrinctions, mandemens, ou defences faictes, ou à faire au contraire.

Confirmation du Roy François I. le 20. Octob. 1516. & 5. Iuin 1543. verifié en Parlement le 17. Iuillet ensuiuant, *Dempto articulo concernente excubias, & portarum custodiam huius vrbis Parisiensis, tempore imminentis periculi, & necessitatis ingruentis.* Henry II. au mois de Septemb. 1547. verifié en Parlement le 17. Auril 1548. autres lettres dudit Roy Henry en faueur des Libraires de Lyon, pour l'exemption des droicts de Traicte & imposition foraine, Resue, domaine forain & haut passage, du 23. Sept. 1553. verifié au Parlement le 24. Octobre, & en la Cour des Aydes le 9. Decemb. ensuiuant. Charles IX. en Mars 1560. verifié au Parlement le 4. May 1561. Arrest contre le sieur de Tanceré sur Loire, du 23. Iuillet 1565. autre Arrest du 3. Mars 1574. contre les fermiers du grand peage d'Orleans & riuiere de Loire. Henry III. le 16. Nouemb. 1582. verifié au Parlement le 14. Octob. 1583. Henry IIII. le 23. Iuin 1594. verifié au Parlement le 17. Aoust ensuiuant, & en la Cour des Aydes le 26. Auril 1595. & luy-mesme par autres lettres du 20. Feur. 1595. verifié au Parlement le 26. Iuin ensuiuãt, pour Paris. Et au mois de Decemb. 1599. verifié au Parlemẽt le 9. Decemb. 1600. & en la Cour des Aydes le 5. Auril 1601. pour Lyon. Et le 14. Sept. 1603. verifié au Parlement de Roüen le 15. Decemb. ensuiuant, & en la Cour des Aydes de Normandie le 16. Iuillet 1604. entre les Libraires de Roüen. Louys XIII. en Decemb. 1610. verifié au Parlement le 9. Auril 1611. & en la Cour des Aydes le 24. Feurier 1612. Arrest du 23. Iuillet 1565. confirmatif d'vne Sentẽce du Seneschal d'Angers ou son Lieutenant, par lequel est faict defense de prendre ou exiger aucun peage sur la Librairie & peautres, contre les fermiers du peage de Tanceré. Autre Arrest de pareille defense du 23. Mars 1574. contre les fermiers du grand peage d'Orleans. Autre pareil Arrest donné au Conseil Priué du Roy le 22. Septembre 1587. plaidans Monsieur Marion pour l'Vniuersité de Paris, contre René Brouart fermier des cinq grandes fermes vnies, par lequel ladicte frãchise & exemption est confirmee, sans que le fermier, au moyen dudit Arrest, puisse pretendre aucun rabais enuers le Roy, attendu l'ancienneté du Priuilege. Arrest du grand Conseil du 26. Ianuier 1607. entre le Recteur & supposts de l'Vniuersité, demandeur d'vne part, & Maistre Iean de Moisset fermier & adiudicataire general des Aydes, defendeur d'autre part, par lequel ledit Conseil a declaré lesdits Recteur, Doyen, Maistres, Regens, Docteurs, Escholiers, Supposts & Officiers de l'Vniuersité de Paris, francs, quittes, & exempts de tous subsides tant du vin prouenu de leur creu, qu'achat pour leurs necessitez, & de toutes autres marchandises & denrees entrans & sortans de ceste ville de Paris, tant par eau que par terre. Et outre a ledit Cõseil faict inhibitions & defenses aux fermiers, leurs Clercs, & Commis, & à tous autres qu'il appartiendra, de plus à l'aduenir prendre, n'exiger d'eux aucunes choses, ny d'entrer en leurs caues & celliers, pour marquer, prendre par compte, ny faire registre de leurs vins, & autres choses contenuës en leurs priuileges, en quelque maniere que ce soit, à peine d'amende arbitraire, restitution de deniers par eux cy-deuant pris, & qu'ils pourroient cy-apres prendre & receuoir, & de tous despens, dommages & interests à l'encontre de chacun des contreuenans. Et a iceluy Conseil faict inhibitions & defenses aux Esleus & Cour des Aydes, de plus à l'aduenir prendre cognoissance du faict concernant les priuileges desdits Recteur, Supposts, & Officiers, & aux Fermiers, leurs Clercs, Commis, & Procureurs d'en faire poursuitte ailleurs que pardeuant le Preuost de Paris ou son Lieutenant, conseruateur desdits Priuileges de l'Vniuersité, à peine de nullité, cassation de procedures, dommages, interests; ledit Moisset condamné aux despens. Arrest de la Cour de Parlement de Prouence, contre les Douaniers de Marseille, du dernier iour de May 1617. En l'an 1613. Laurens Sonnius ayant faict conduire quantité de liures en la ville de Lyon, ils furent saisis à la requeste d'Vrbain de la Motte fermier general des cinq grosses fermes de Frãce, & de la Douane de Lyon : dont ledit Sonnius ayant obtenu main-leuee par prouision pardeuant le Seneschal de Lyon, la Motte en interietta appel, sur lequel il se voulut pouruoir au Conseil du Roy, mais par Arrest dudit Conseil du 27. Feurier 1615. les parties furent renuoyees en la Cour des Aydes à Paris, où par Arrest du 24. Mars 1616. ladite saisie fut declaree iniurieuse, tortionnaire, & desraisonnable, main leuee plaine & entiere faicte audit Sonnius : la Motte cõdamné és despens, dommages & interests. Et faisant droict sur l'interuention du Recteur & Supposts de l'Vniuersité de Paris, & Syndic des Libraires, defenses sont faictes aux fermiers de la Douane de Lyon, & à tous autres de rien prendre ny exiger pour les liures, ny de troubler lesdits Libraires en la iouyssance de leurs priuileges, exemptions, & immunitez. Ordonné que le present Arrest sera enregistré au Greffe des Iuges de la Doüane de Lyon, & au Bureau de ladicte Doüane. Ledit de la Motte cõdamné és despens de l'instance de ladicte interuention. Depuis vn nommé la Sabliere fermier ayant faict vne pareille saisie sur ledict Sonnius, interuint Sentence du Seneschal de Lyon le 4. Iuillet 1616. conforme audit Arrest. Autre Arrest de ladicte Cour des Aydes du 24. Octobre 1617. au profit des Syndic & Gardes de la Librairie joincts auec Cramoisy, Drouart, & Fouët, contre ledit de la Sabliere, par lequel pareilles defenses sont faictes aux fermiers de prendre ny exiger aucune chose des Libraires, à peine de cinq cens liures d'amende, & de tous despens, dommages, & interests. Ledit la Sabliere condamné rendre ce qu'il a exigé, & és despens de l'instance.

www.ingramcontent.com/pod-product-compliance
Ingram Content Group UK Ltd.
Pitfield, Milton Keynes, MK11 3LW, UK
UKHW022121260726
13993UKWH00003B/1147

9 782329 244976